AF220391

Impressum
Verlag: BABADADA GmbH, Nedderfeld 112 , 22529 Hamburg
Geschäftsführer / Verlagsleitung: Harald Hof
Druck: Books on Demand GmbH, In de Tarpen 42, 22848 Norderstedt

Imprint
Publisher: BABADADA GmbH, Nedderfeld 112 , 22529 Hamburg, Germany
Managing Director / Publishing direction: Harald Hof
Print: Books on Demand GmbH, In de Tarpen 42, 22848 Norderstedt, Germany

die Schule
школа

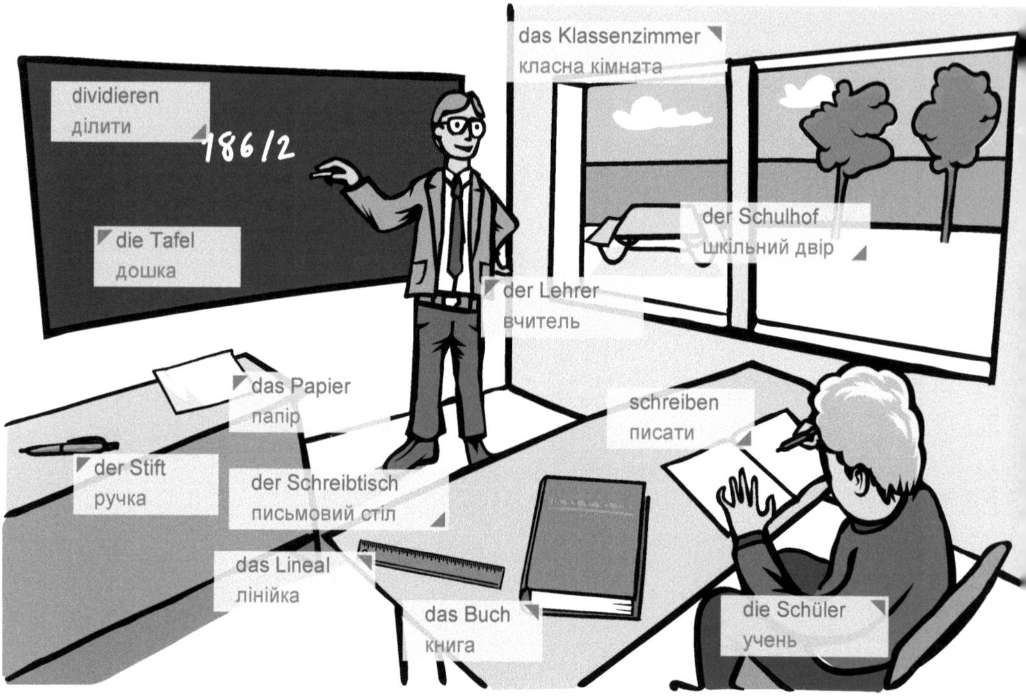
das Klassenzimmer
класна кімната
dividieren
ділити
186/2
die Tafel
дошка
der Schulhof
шкільний двір
der Lehrer
вчитель
das Papier
папір
schreiben
писати
der Stift
ручка
der Schreibtisch
письмовий стіл
das Lineal
лінійка
das Buch
книга
die Schüler
учень

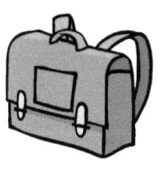

der Ranzen

ранець

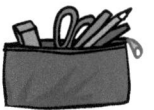

die Federmappe

пенал

der Bleistift

олівець

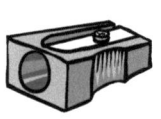

der Bleistiftanspitzer

точило

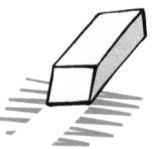

das Radiergummi

гумка

der Zeichenblock

альбом для малювання

die Zeichnung

малюнок

der Pinsel

пензель

der Malkasten

коробка фарб

die Schere

ножиці

der Klebstoff

клей

das Übungsheft

зошит

die Hausaufgabe

домашнє завдання

die Zahl

число

addieren

додавати

subtrahieren

віднімати

multiplizieren

множити

rechnen

рахувати

der Buchstabe

літера

das Alphabet

абетка

das Wort

слово

der Text

текст

lesen

читати

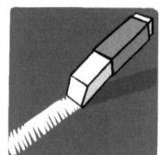

die Kreide

крейда

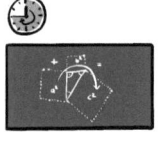

die Stunde

година

das Klassenbuch

класний журнал

die Prüfung

екзамен

das Zeugnis

диплом

die Schuluniform

шкільна форма

die Ausbildung

освіта

das Lexikon

лексикон

die Universität

університет

das Mikroskop

мікроскоп

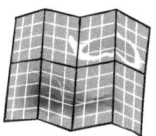

die Karte

карта

der Papierkorb

кошик для паперу

die Reise

подорож

das Hotel
готель
Grand
die Herberge
турбаза
ROOMS
€CHANGE
die Wechselstube
обмінний пункт
der Koffer
валіза
das Auto
автомобіль

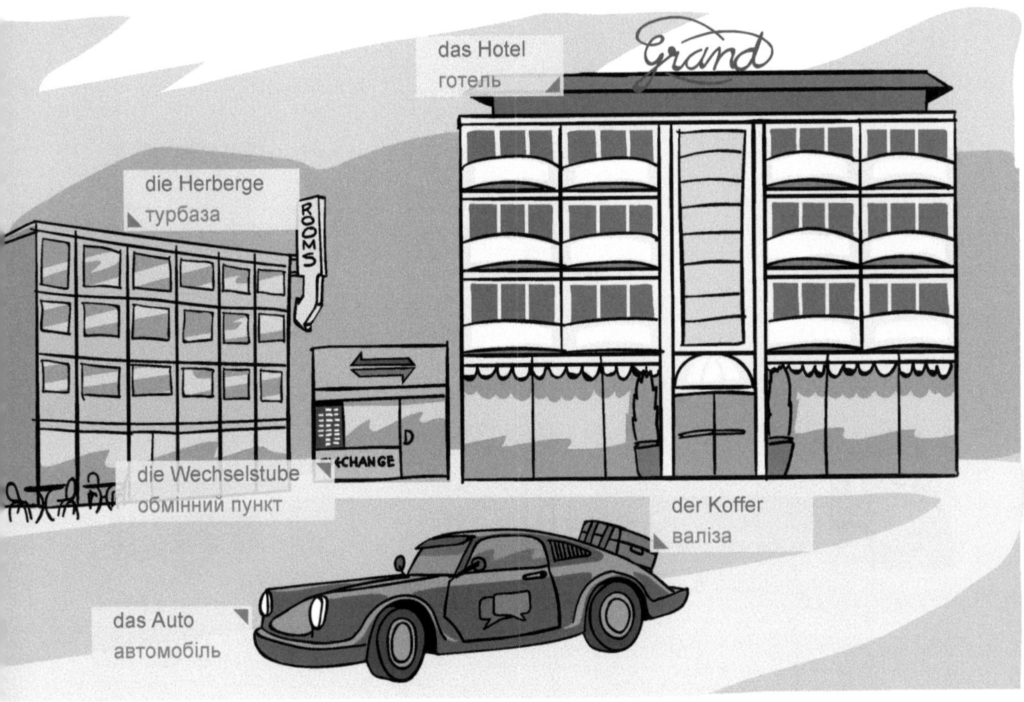

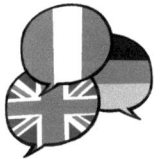

die Sprache

мова

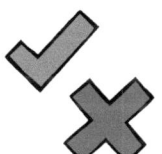

ja / nein

так / ні

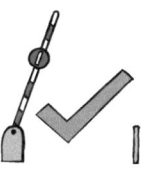

Okay

добре

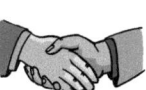

Hallo

привіт

der Übersetzer

перекладач

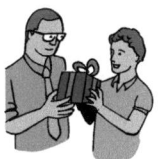

Danke

дякую

Was kostet...?

Скільки коштує ...?

Ich verstehe nicht

Я не розумію

das Problem

проблема

Guten Abend!

Добрий вечір!

Guten Morgen!

Доброго ранку!

Gute Nacht!

На добраніч!

Auf Wiedersehen

До побачення

die Richtung

напрямок

das Gepäck

багаж

die Tasche

сумка

der Rucksack

рюкзак

der Gast

гість

das Zimmer

кімната

der Schlafsack

спальний мішок

das Zelt

намет

die Reise - подорож

die Touristeninformation

туристична інформація

der Strand

пляж

die Kreditkarte

кредитна картка

das Frühstück

сніданок

das Mittagessen

обід

das Abendessen

вечеря

die Fahrkarte

квиток

der Fahrstuhl

ліфт

die Briefmarke

поштова марка

die Grenze

межа

der Zoll

митниця

die Botschaft

посольство

das Visum

віза

der Pass

паспорт

die Reise - подорож

7

der Transport
транспорт

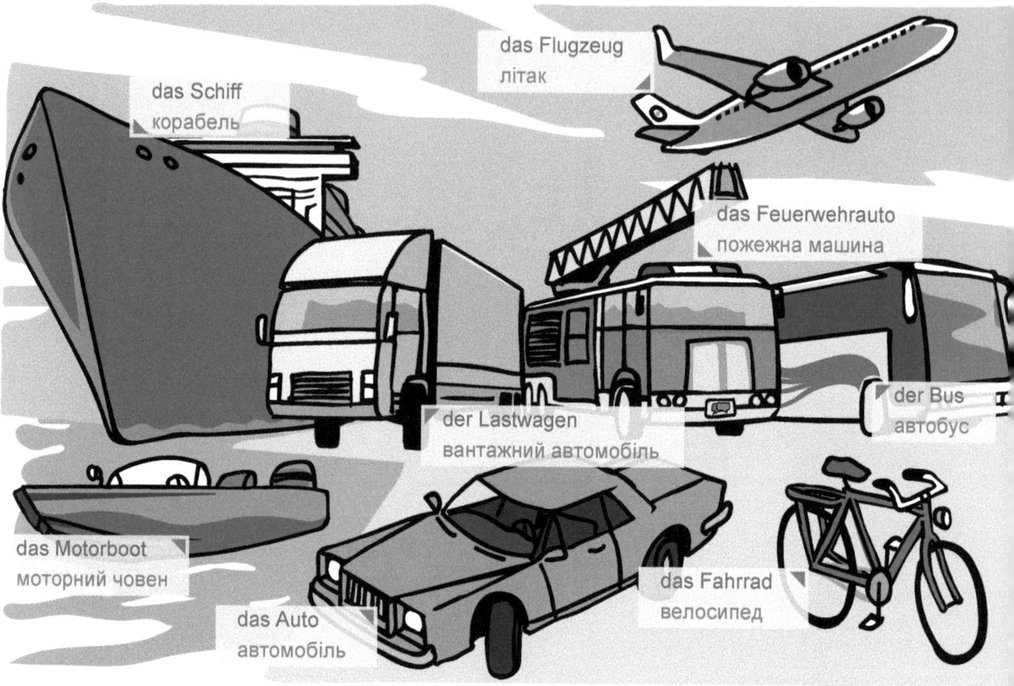

das Schiff
корабель

das Flugzeug
літак

das Feuerwehrauto
пожежна машина

der Lastwagen
вантажний автомобіль

der Bus
автобус

das Motorboot
моторний човен

das Auto
автомобіль

das Fahrrad
велосипед

die Fähre

пором

das Boot

човен

das Motorrad

мотоцикл

das Polizeiauto

поліцейська машина

das Rennauto

гоночний автомобіль

der Mietwagen

автомобіль на прокат

das Carsharing

пільне користування авто

der Abschleppwagen

евакуатор

das Müllauto

сміттєвоз

der Motor

двигун

der Kraftstoff

паливо

die Tankstelle

автозаправна станція

das Verkehrsschild

дорожній знак

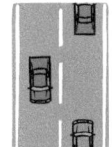

der Verkehr

рух

der Stau

затор

der Parkplatz

стоянка

der Bahnhof

вокзал

die Schienen

рейки

der Zug

потяг

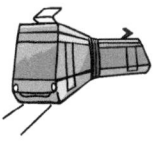

die Straßenbahn

трамвай

der Wagon

вагон

der Helikopter

гелікоптер

der Flughafen

аеропорт

der Tower

вежа

der Passagier

пасажир

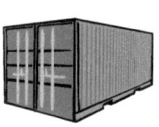

der Container

контейнер

der Karton

коробка

der Karren

візок

der Korb

кошик

starten / landen

стартувати / приземлятися

die Stadt

місто

das Dorf

село

das Stadtzentrum

центр міста

das Haus

дім

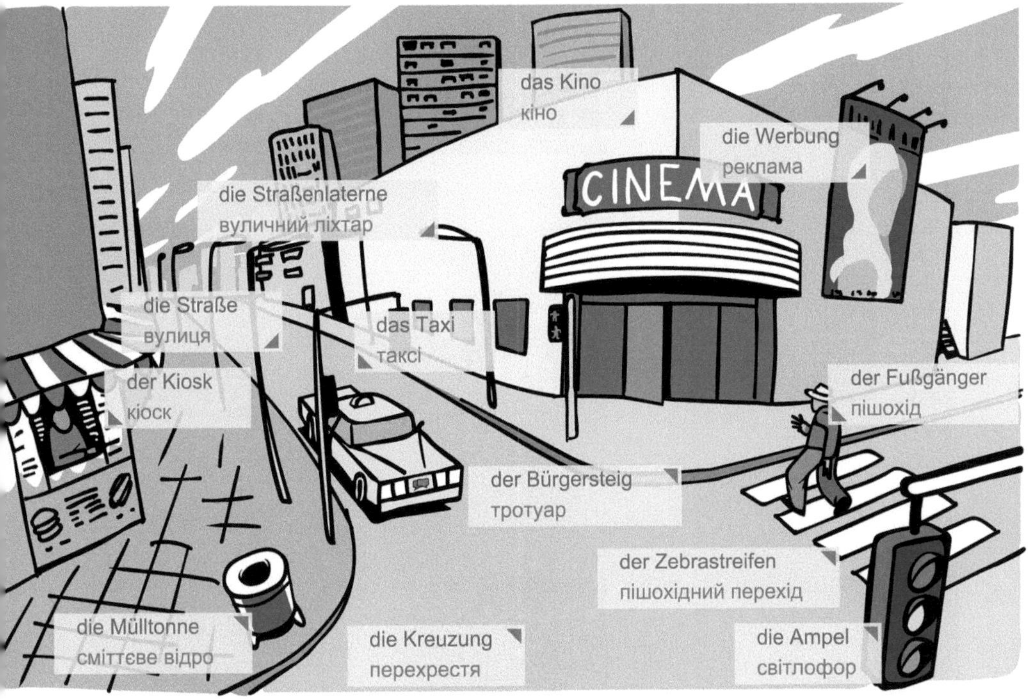

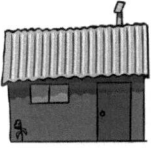

das Kino
кіно
die Werbung
реклама
CINEMA
die Straßenlaterne
вуличний ліхтар
die Straße
вулиця
das Taxi
таксі
der Kiosk
кіоск
der Fußgänger
пішохід
der Bürgersteig
тротуар
der Zebrastreifen
пішохідний перехід
die Mülltonne
сміттєве відро
die Kreuzung
перехрестя
die Ampel
світлофор

die Hütte

хатина

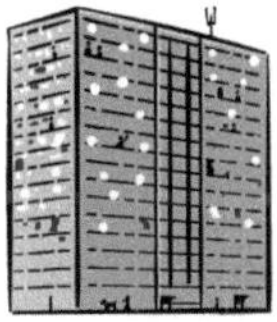

die Wohnung

квартира

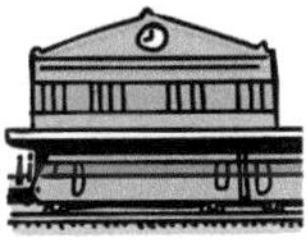

der Bahnhof

вокзал

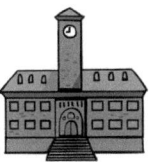

das Rathaus

ратуша

MUSEUM

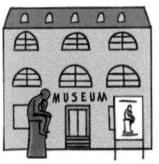

das Museum

музей

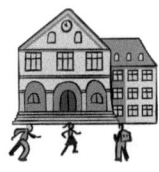

die Schule

школа

die Universität

університет

die Bank

банк

das Krankenhaus

лікарня

das Hotel

готель

die Apotheke

аптека

das Büro

офіс

die Buchhandlung

книжковий магазин

das Geschäft

магазин

der Blumenladen

квітковий магазин

der Supermarkt

супермаркет

der Markt

ринок

das Kaufhaus

універмаг

der Fischhändler

торговець рибою

das Einkaufszentrum

торговельний центр

der Hafen

гавань

die Stadt - місто

der Park

парк

die Bank

лава

die Brücke

міст

die Treppe

сходи

die U-Bahn

метро

der Tunnel

тунель

die Bushaltestelle

автобусна зупинка

die Bar

бар

das Restaurant

ресторан

der Briefkasten

поштова скринька

das Straßenschild

вулична табличка

die Parkuhr

лічильник паркування

der Zoo

зоопарк

die Badeanstalt

басейн

die Moschee

мечеть

der Bauernhof

ферма

die Umweltverschmutzung

забруднення
навколишнього
середовища

der Friedhof

кладовище

die Kirche

церква

der Spielplatz

дитячий майданчик

der Tempel

храм

die Landschaft
ландшафт

das Blatt
листок

der Wegweiser
вказівний стовп

der Weg
шлях

die Wiese
луг

der Stein
камінь

der Wanderer
мандрівник

der Baum
дерево

der Fluss
річка

das Gras
трава

die Blume
квітка

das Tal

долина

der Berg

гора

der See

озеро

der Wald

ліс

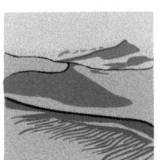

die Wüste

пустеля

der Vulkan

вулкан

das Schloss

замок

der Regenbogen

веселка

der Pilz

гриб

die Palme

пальма

der Moskito

комар

die Fliege

муха

die Ameise

мурашка

die Biene

бджола

die Spinne

павук

der Käfer

жук

der Frosch

жаба

das Eichhörnchen

вивірка

der Igel

їжак

der Hase

заєць

die Eule

сова

die Vogel

птах

der Schwan

лебідь

das Wildschwein

кабан

der Hirsch

олень

der Elch

лось

der Staudamm

гребля

das Windrad

вітряк

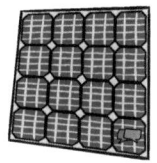

das Solarmodul

сонячний модуль

das Klima

клімат

das Restaurant

ресторан

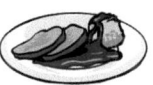

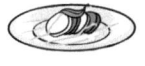

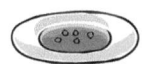

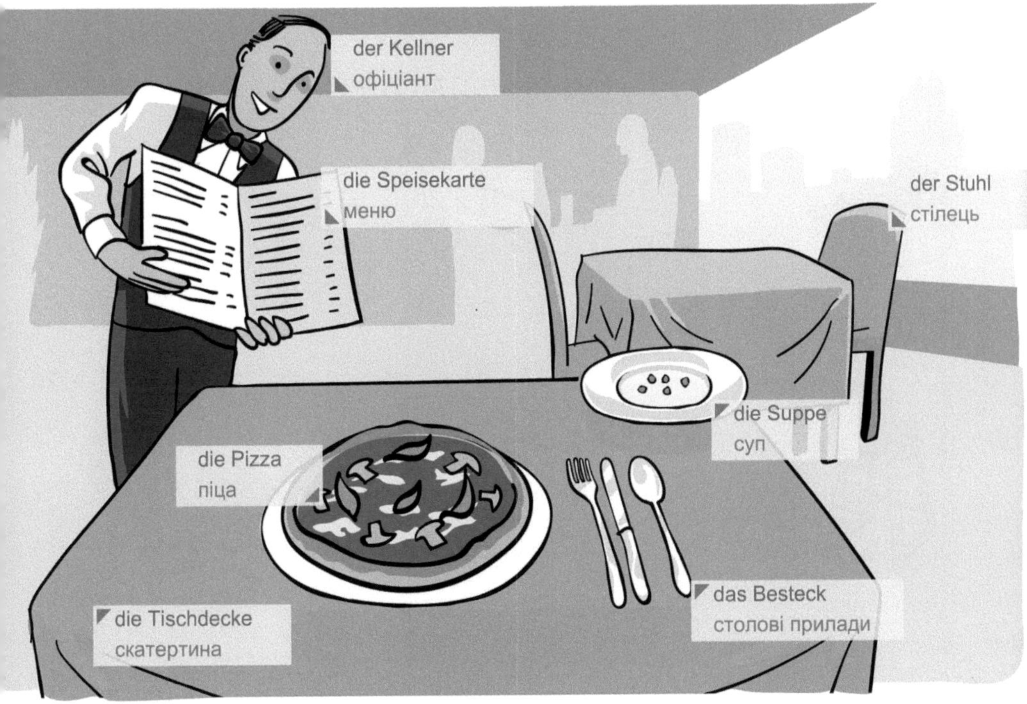

der Kellner
офіціант
die Speisekarte
меню
der Stuhl
стілець
die Suppe
суп
die Pizza
піца
das Besteck
столові прилади
die Tischdecke
скатертина

die Vorspeise

закуска

das Hauptgericht

друга страва

die Nachspeise

десерт

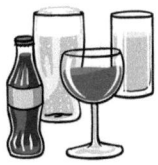

die Getränke

напої

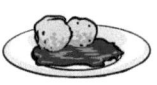

das Essen

їжа

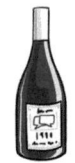

die Flasche

пляшка

das Fastfood

фаст-фуд

das Streetfood

вулична їжа

die Teekanne

чайник

die Zuckerdose

цукорниця

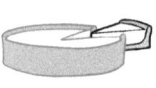

die Portion

порція

die Espressomaschine

еспресо-машина

der Hochstuhl

високий стільчик

die Rechnung

рахунок

das Tablett

піднос

das Messer

ніж

die Gabel

вилка

der Löffel

ложка

der Teelöffel

чайна ложка

die Serviette

серветка

das Glas

склянка

das Restaurant - ресторан

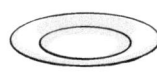

der Teller

тарілка

der Suppenteller

тарілка для супу

die Untertasse

блюдце

die Sauce

соус

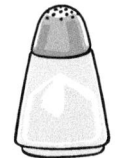

der Salzstreuer

солонка

die Pfeffermühle

млин для перцю

der Essig

оцет

das Öl

масло

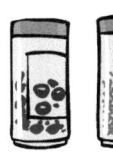

die Gewürze

спеції

das Ketchup

кетчуп

der Senf

гірчиця

die Mayonnaise

майонез

der Supermarkt
супермаркет

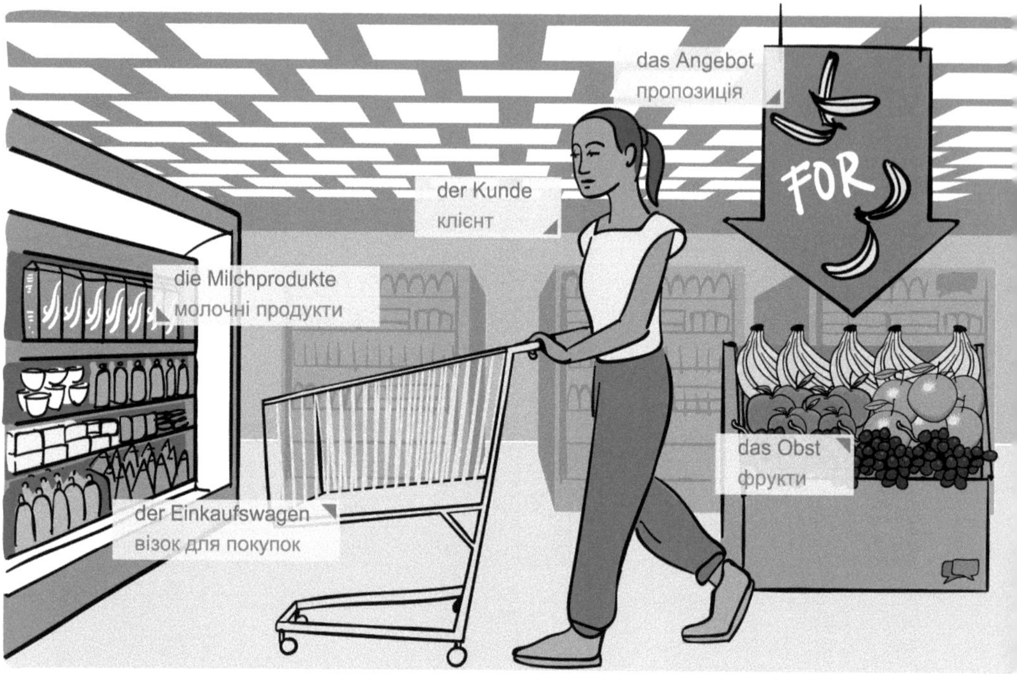

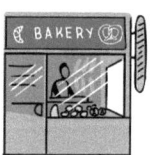

das Angebot
пропозиція
FOR
der Kunde
клієнт
die Milchprodukte
молочні продукти
das Obst
фрукти
der Einkaufswagen
візок для покупок

BUTCHERS

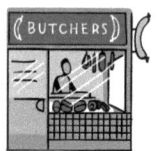

die Schlachterei

м'ясний магазин

BAKERY

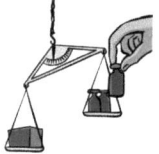

die Bäckerei

пекарня

wiegen

зважувати

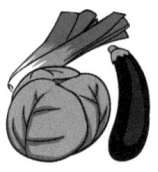

das Gemüse

овочі

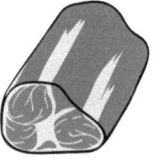

das Fleisch

м'ясо

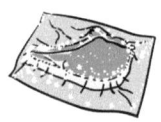

die Tiefkühlkost

заморожені продукти

der Aufschnitt

ковбасна нарізка

die Konserven

консерви

das Waschmittel

пральний порошок

die Süßigkeiten

солодощи

die Haushaltsartikel

предмети домашнього побуту

das Reinigungsmittel

мийний засіб

die Verkäuferin

продавщиця

die Kasse

каса

der Kassierer

касир

die Einkaufsliste

список покупок

die Öffnungszeiten

часи роботи

die Brieftasche

гаманець

die Kreditkarte

кредитна картка

die Tasche

сумка

die Plastiktüte

поліетиленовий пакет

die Getränke
напої

das Wasser

вода

der Saft

сік

die Milch

молоко

die Cola

кола

der Wein

вино

das Bier

пиво

der Alkohol

алкоголь

der Kakao

какао

der Tee

чай

der Kaffee

кава

der Espresso

еспресо

der Cappuccino

капучіно

die Banane

банан

der Apfel

яблуко

die Orange

апельсин

die Melone

кавун

die Zitrone

лимон

die Karotte

морква

der Knoblauch

часник

der Bambus

бамбук

die Zwiebel

цибуля

der Pilz

гриб

die Nüsse

горішки

die Nudeln

локшина

die Spaghetti

спагеті

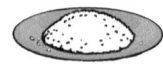

der Reis

рис

der Salat

салат

die Pommes frites

картопля фрі

die Bratkartoffeln

смажена картопля

die Pizza

піца

der Hamburger

гамбургер

das Sandwich

бутерброд

das Schnitzel

шніцель

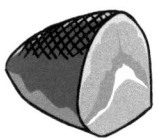

der Schinken

шинка

die Salami

салямі

die Wurst

ковбаса

das Huhn

курка

der Braten

печеня

der Fisch

риба

die Haferflocken

вівсяні пластівці

das Müsli

мюслі

die Cornflakes

кукурудзяні пластівці

das Mehl

борошно

das Croissant

круасан

das Brötchen

булочка

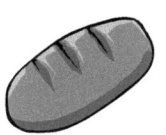

das Brot

хліб

der Toast

тостовий хліб

die Kekse

печиво

die Butter

масло

der Quark

сир

der Kuchen

пиріг

das Ei

яйце

das Spiegelei

яєчня

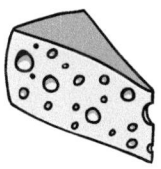

der Käse

сир

die Eiscreme

морозиво

der Zucker

цукор

der Honig

мед

die Marmelade

мармелад

die Nougat-Creme

нуга-крем

das Curry

карі

der Bauernhof

ферма

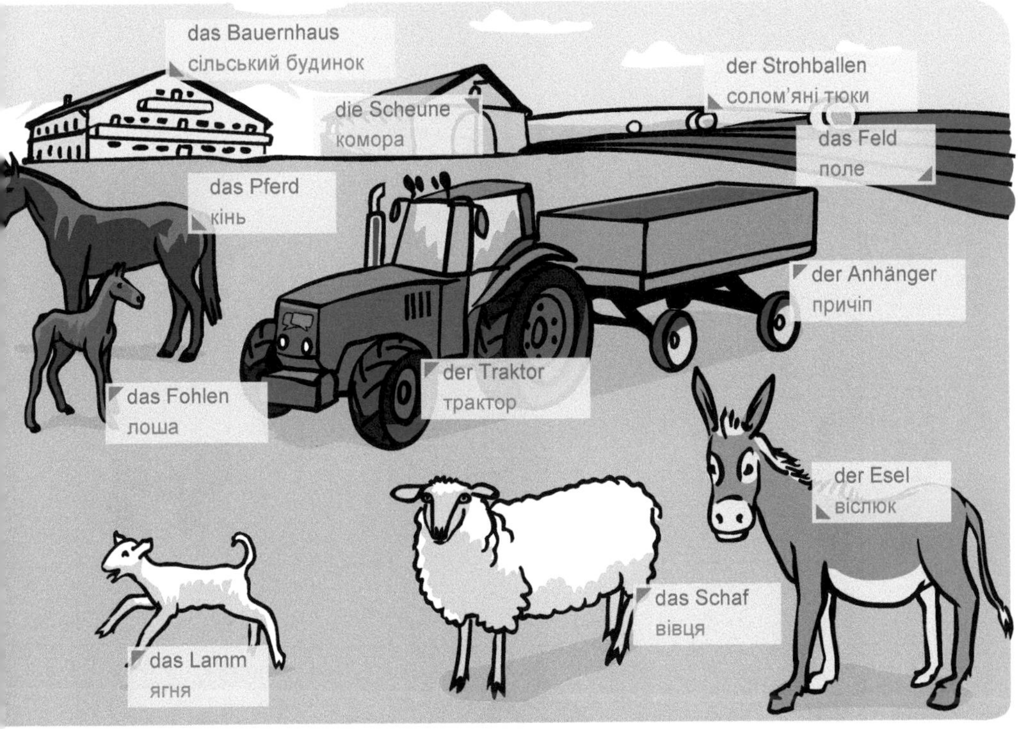

das Bauernhaus
сільський будинок
die Scheune
комора
der Strohballen
солом'яні тюки
das Feld
поле
das Pferd
кінь
der Anhänger
причіп
der Traktor
трактор
das Fohlen
лоша
der Esel
віслюк
das Schaf
вівця
das Lamm
ягня

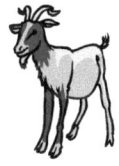

die Ziege

коза

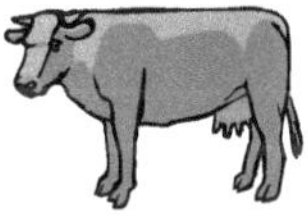

die Kuh

корова

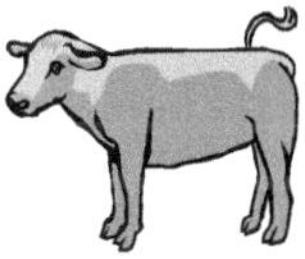

das Kalb

теля

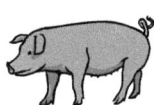

das Schwein

свиня

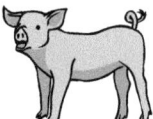

das Ferkel

порося

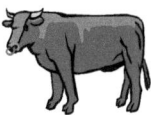

der Bulle

бик

die Gans

гусак

die Ente

качка

das Küken

курча

das Huhn

курка

der Hahn

півень

die Ratte

щур

die Katze

кіт

die Maus

миша

der Ochse

віл

der Hund

собака

die Hundehütte

собача будка

der Gartenschlauch

садовий шланг

die Gießkanne

лійка

die Sense

коса

der Pflug

плуг

die Sichel

серп

die Hacke

мотика

die Mistgabel

вила

die Axt

сокира

die Schubkarre

тачка

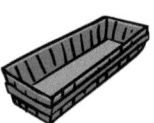

der Trog

корито

die Milchkanne

бідон молока

der Sack

мішок

der Zaun

паркан

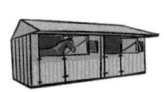

der Stall

хлів

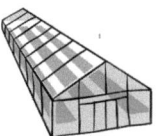

das Treibhaus

теплиця

der Boden

ґрунт

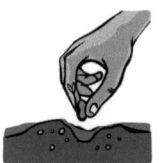

die Saat

насіння

der Dünger

добриво

der Mähdrescher

комбайн

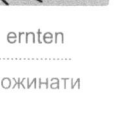

ernten

пожинати

die Ernte

урожай

die Yamswurzel

корінь ямсу

der Weizen

пшениця

das Soja

соя

die Kartoffel

картопля

der Mais

кукурудза

der Raps

ріпак

der Obstbaum

плодове дерево

der Maniok

маніок

das Getreide

злаки

der Bauernhof - ферма

das Haus

дім

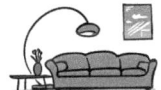

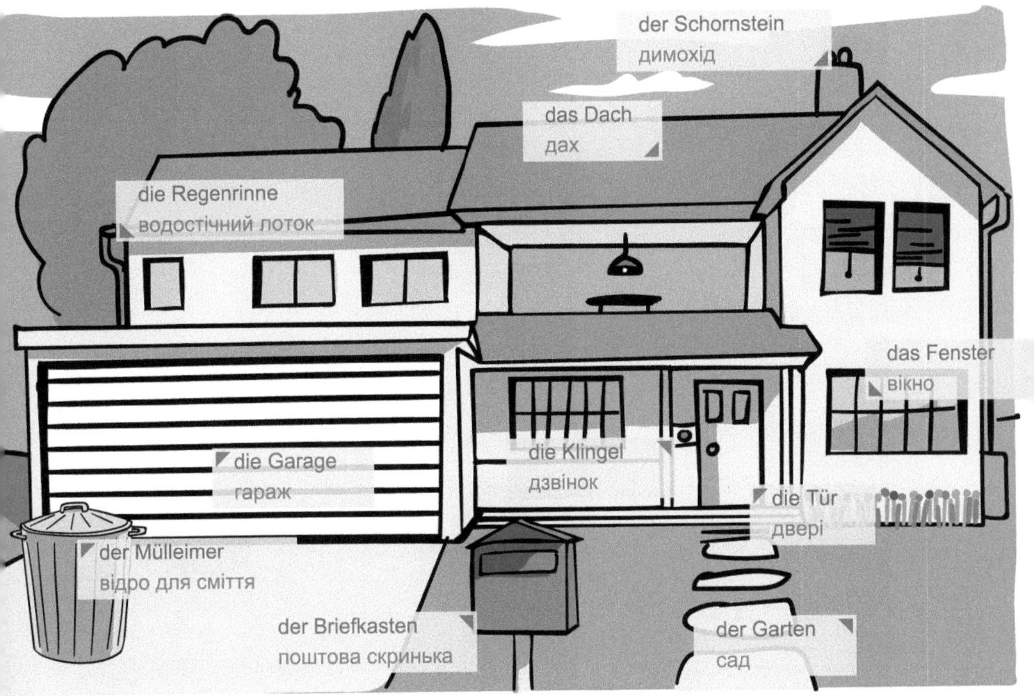
der Schornstein
димохід
das Dach
дах
die Regenrinne
водостічний лоток
das Fenster
вікно
die Garage
гараж
die Klingel
дзвінок
die Tür
двері
der Mülleimer
відро для сміття
der Briefkasten
поштова скринька
der Garten
сад

das Wohnzimmer

вітальня

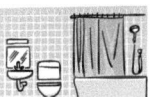

das Badezimmer

ванна кімната

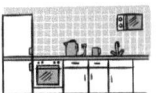

die Küche

кухня

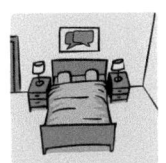

das Schlafzimmer

спальня

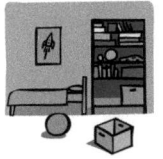

das Kinderzimmer

дитяча кімната

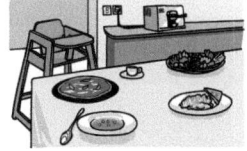

das Esszimmer

їдальня

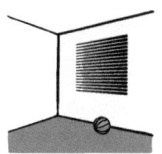

der Boden

підлога

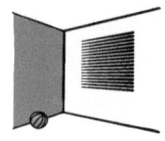

die Wand

стіна

die Decke

стеля

der Keller

підвал

die Sauna

сауна

der Balkon

балкон

die Terrasse

тераса

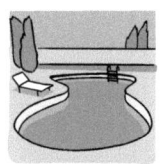

das Schwimmbad

басейн

der Rasenmäher

косарка

der Bettbezug

простирало

die Bettdecke

ковдра

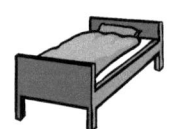

das Bett

ліжко

der Besen

мітла

der Eimer

відро

der Schalter

перемикач

das Wohnzimmer
вітальня

die Tapete
шпалери
das Bild
малюнок
die Lampe
лампа
das Regal
поличка
der Schrank
шафа
der Fernseher
телевізор
der Kamin
камін
die Blume
квітка
das Kissen
подушка
das Sofa
диван
die Vase
ваза
die Fernbedienung
пульт

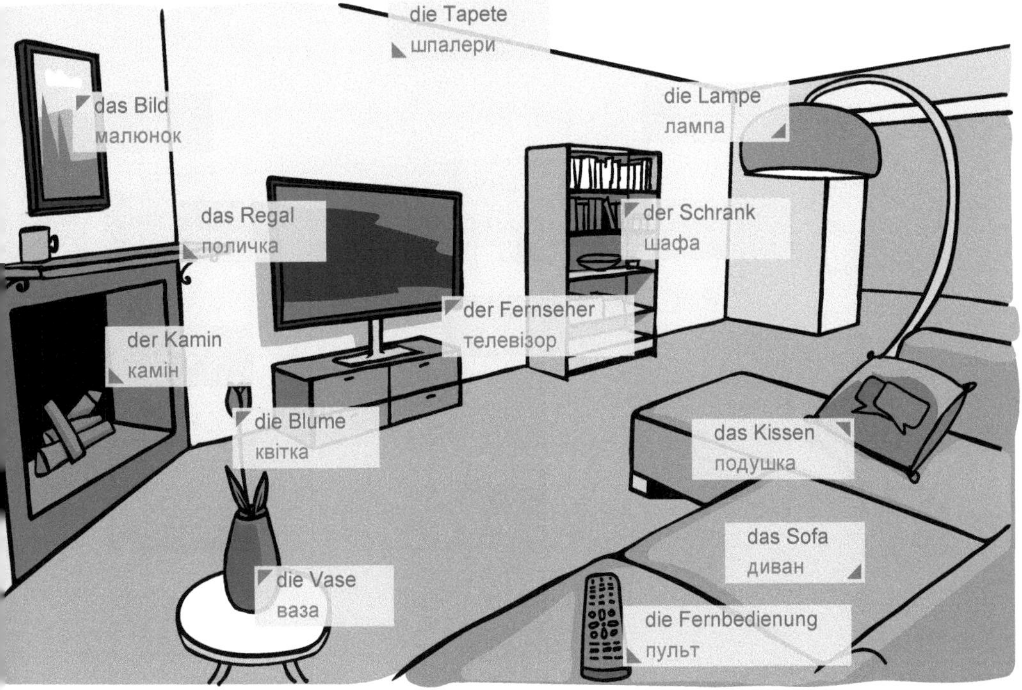

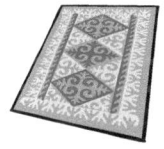

der Teppich

килим

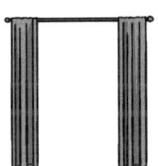

der Vorhang

завіса

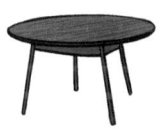

der Tisch

стіл

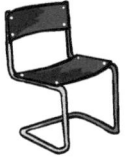

der Stuhl

стілець

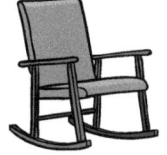

der Schaukelstuhl

крісло-гойдалка

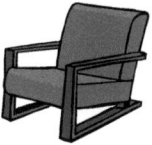

der Sessel

крісло

das Buch

книга

die Decke

ковдра

die Dekoration

прикраса

das Feuerholz

дрова

der Film

фільм

die Stereoanlage

стереосистема

der Schlüssel

ключ

die Zeitung

газета

das Gemälde

картина

das Poster

плакат

das Radio

радіо

der Notizblock

блокнот

der Staubsauger

пилосос

der Kaktus

кактус

die Kerze

свічка

die Küche
кухня

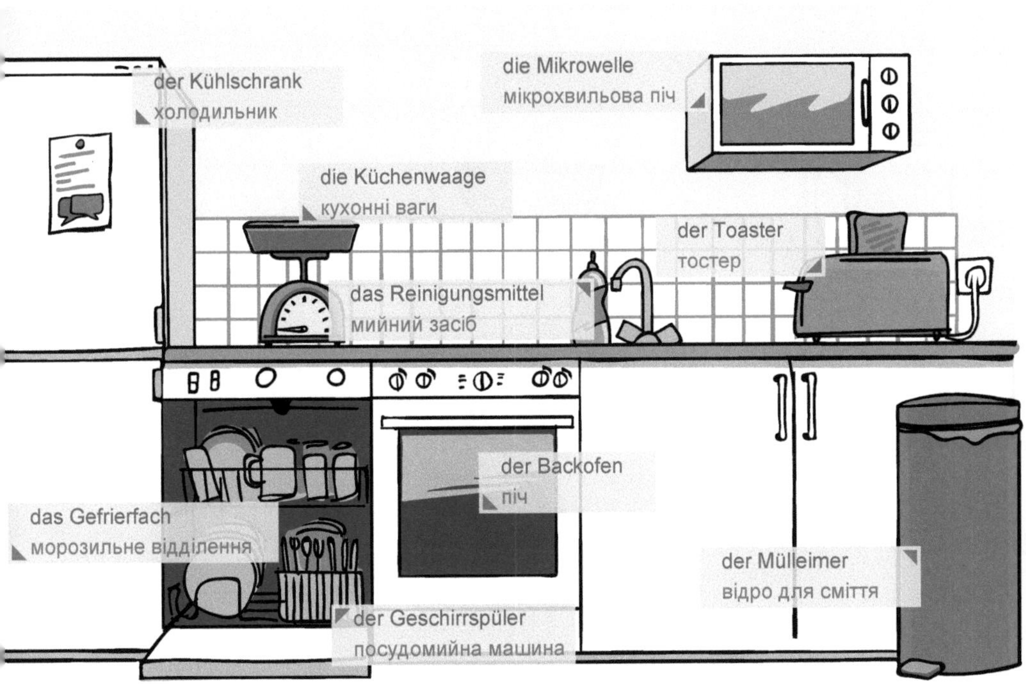

der Kühlschrank
холодильник
die Mikrowelle
мікрохвильова піч
die Küchenwaage
кухонні ваги
der Toaster
тостер
das Reinigungsmittel
мийний засіб
der Backofen
піч
das Gefrierfach
морозильне відділення
der Mülleimer
відро для сміття
der Geschirrspüler
посудомийна машина

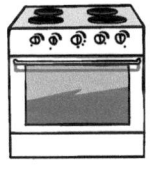

der Herd

плита

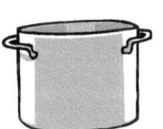

der Topf

горщик

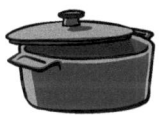

der Eisentopf

чавунний горщик

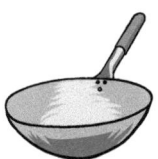

der Wok / Kadai

вок / кадай

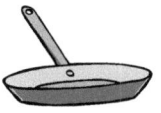

die Pfanne

сковорода

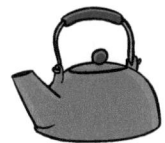

der Wasserkocher

чайник

der Dampfgarer

пароварка

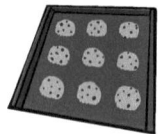

das Backblech

лист

das Geschirr

посуд

der Becher

кухоль

die Schale

чаша

die Essstäbchen

палички для їжі

die Suppenkelle

черпак

der Pfannenwender

лопатка

der Schneebesen

вінчик для збивання

das Kochsieb

сито

das Sieb

сито

die Reibe

терка

der Mörser

ступка

der Grill

барбекю

die Feuerstelle

багаття

das Schneidebrett

дошка

das Nudelholz

качалка

der Korkenzieher

штопор

die Dose

консерва

der Dosenöffner

відкривачка

der Topflappen

прихватки

das Waschbecken

раковина

die Bürste

щітка

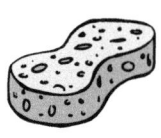

der Schwamm

губка

der Mixer

міксер

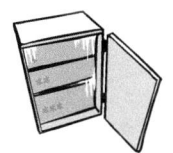

die Gefriertruhe

морозильна камера

die Babyflasche

дитяча пляшка

der Wasserhahn

кран

die Küche - кухня

das Badezimmer
ванна кімната

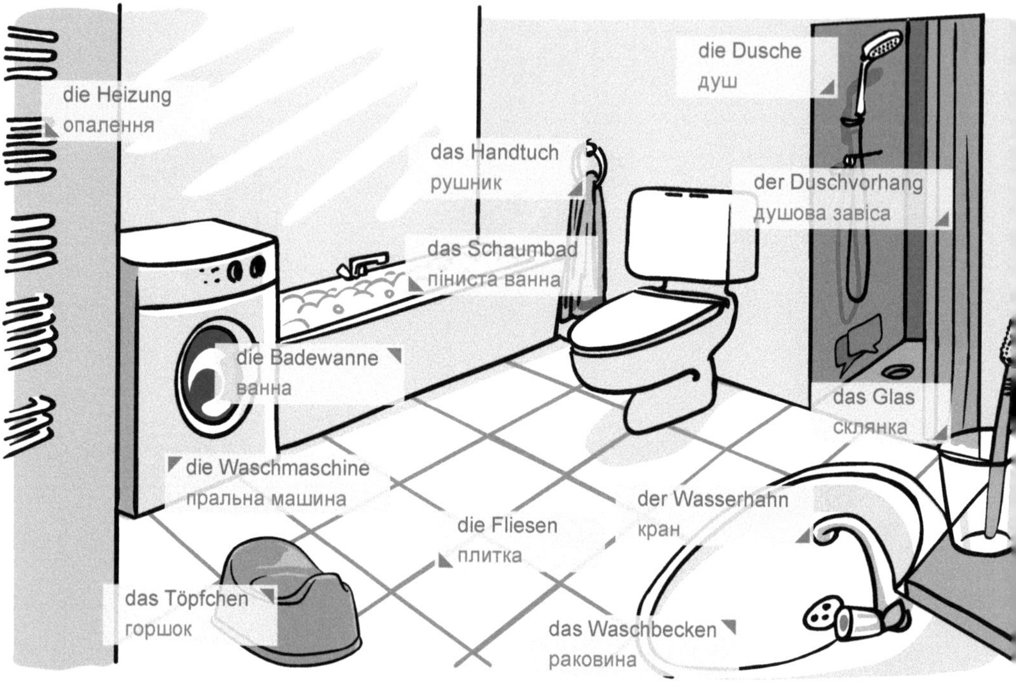

die Dusche
душ

die Heizung
опалення

das Handtuch
рушник

der Duschvorhang
душова завіса

das Schaumbad
пініста ванна

die Badewanne
ванна

das Glas
склянка

die Waschmaschine
пральна машина

die Fliesen
плитка

der Wasserhahn
кран

das Töpfchen
горшок

das Waschbecken
раковина

die Toilette

туалет

die Hocktoilette

підлоговий туалет

das Bidet

біде

das Pissoir

пісуар

das Toilettenpapier

туалетний папір

die Toilettenbürste

щітка для туалету

die Zahnbürste

зубна щітка

die Zahnpasta

зубна паста

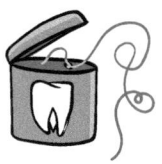

die Zahnseide

нитка для чищення зубів

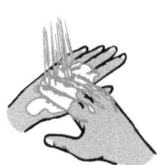

waschen

мити

die Handbrause

ручний душ

die Intimdusche

інтимний душ

die Waschschüssel

таз

die Rückenbürste

щітка для спини

die Seife

мило

das Duschgel

гель для душу

das Shampoo

шампунь

der Waschlappen

мочалка

der Abfluss

водостік

die Creme

крем

das Deodorant

дезодорант

der Spiegel
дзеркало

der Kosmetikspiegel
косметичне дзеркало

der Rasierer
бритва

der Rasierschaum
піна для гоління

das Rasierwasser
лосьйон після гоління

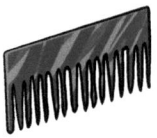

der Kamm
гребінь

die Bürste
щітка

der Föhn
фен

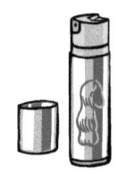

das Haarspray
лак для волосся

das Makeup
косметика

der Lippenstift
губна помада

der Nagellack
лак для нігтів

die Watte
вата

die Nagelschere
ножиці для нігтів

das Parfum
парфум

der Kulturbeutel

косметичка

der Hocker

табурет

die Waage

ваги

der Bademantel

халат

die Gummihandschuhe

гумові рукавички

das Tampon

тампон

die Damenbinde

гігієнічні прокладки

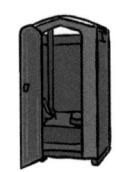

die Chemietoilette

біотуалет

das Kinderzimmer
дитяча кімната

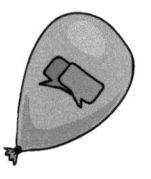

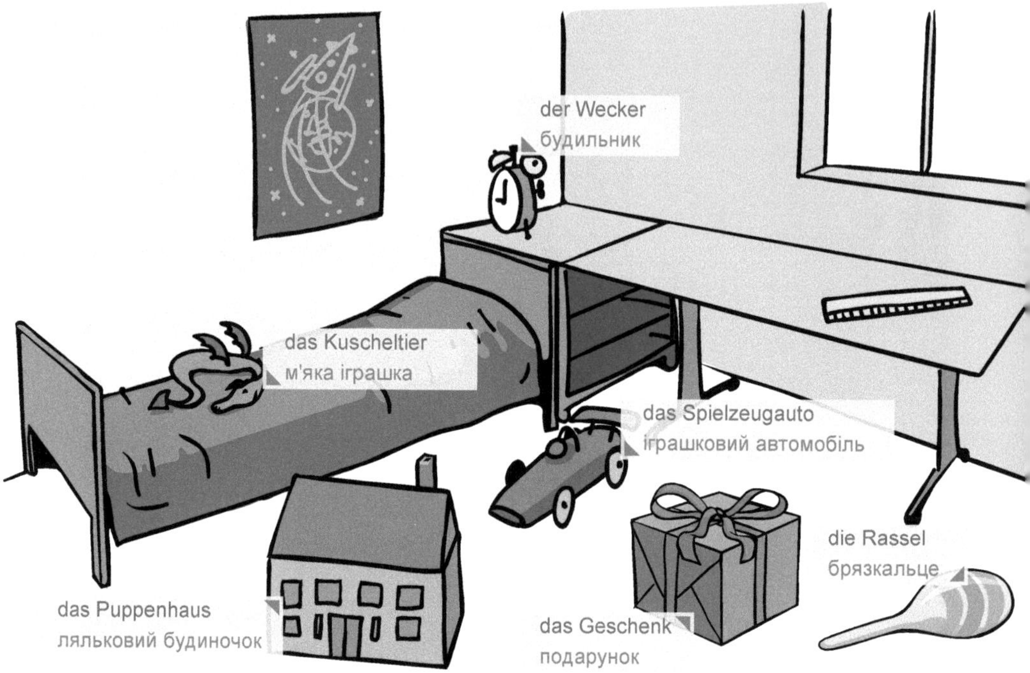
der Wecker
будильник
das Kuscheltier
м'яка іграшка
das Spielzeugauto
іграшковий автомобіль
die Rassel
брязкальце
das Puppenhaus
ляльковий будиночок
das Geschenk
подарунок

der Ballon
повітряна кулька

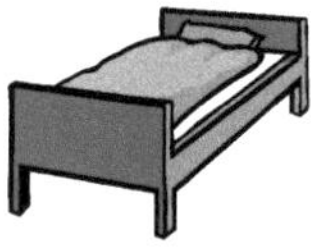
das Bett
ліжко

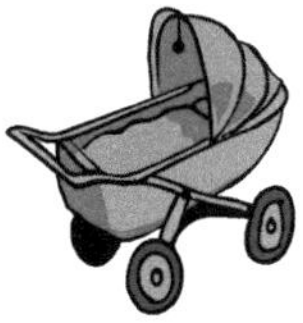
der Kinderwagen
дитячий візок

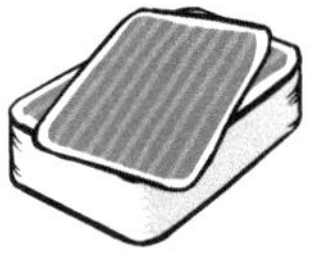
das Kartenspiel
картярська гра

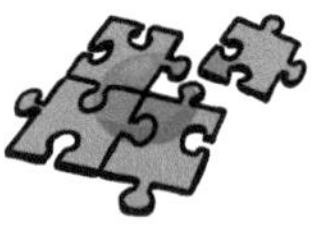
das Puzzle
пазл

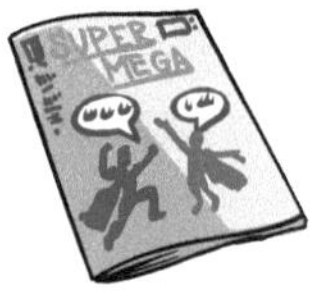
SUPER
MEGA
der Comic
комікс

die Legosteine

лего цеглинки

die Bausteine

блоки

die Action Figur

іграшкова фігурка

der Strampelanzug

повзунки

das Frisbee

фризбі

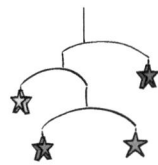

das Mobile

мобіле

das Brettspiel

настільна гра

der Würfel

кубик

die Modelleisenbahn

модель залізнична станція

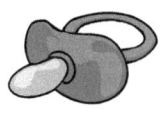

der Schnuller

соска

die Party

вечірка

das Bilderbuch

книжка з картинками

der Ball

м'яч

die Puppe

лялька

spielen

грати

der Sandkasten

пісочниця

die Schaukel

гойдалка

das Spielzeug

іграшка

die Spielkonsole

гральна консоль

das Dreirad

триколісний велосипед

der Teddy

плюшевий мішка

der Kleiderschrank

шафа

die Kleidung

одяг

die Socken

шкарпетки

die Strümpfe

панчохи

die Strumpfhose

колготки

der Schal
шарф

der Regenschirm
парасоля

das T-Shirt
футболка

der Gürtel
ремінь

der Stiefel
чоботи

die Hausschuhe
домашнє взуття

die Turnschuhe
кросівки

die Sandalen
сандалі

die Schuhe
взуття

die Gummistiefel
гумові чоботи

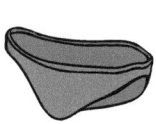

die Unterhose
труси

der Büstenhalter
бюстгальтер

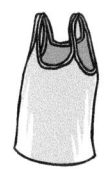

das Unterhemd
нижня сорочка

die Kleidung - одяг

45

der Body

боді

die Hose

штани

die Jeans

джинси

der Rock

спідниця

die Bluse

блузка

das Hemd

сорочка

der Pullover

пуловер

der Kapuzenpullover

светр

der Blazer

піджак

die Jacke

куртка

der Mantel

пальто

der Regenmantel

дощовик

das Kostüm

костюм

das Kleid

сукня

das Hochzeitskleid

весільна сукня

der Anzug

костюм

das Nachthemd

нічна сорочка

der Schlafanzug

піжама

der Sari

сарі

das Kopftuch

головна хустка

der Turban

чалма

die Burka

бурка

der Kaftan

кафтан

die Abaya

абая

der Badeanzug

купальник

die Badehose

плавки

die kurze Hose

шорти

der Trainingsanzug

тренувальний костюм

die Schürze

фартух

die Handschuhe

рукавички

der Knopf

гудзик

die Brille

окуляри

das Armband

браслет

die Halskette

ланцюг

der Ring

кільце

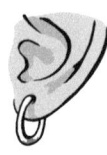

der Ohrring

сережка

die Mütze

шапка

der Kleiderbügel

плічка

der Hut

капелюх

die Krawatte

краватка

der Reißverschluss

застібка-блискавка

der Helm

шолом

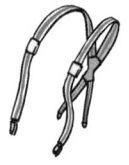

der Hosenträger

підтяжки

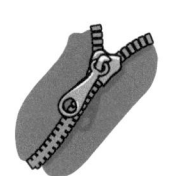

die Schuluniform

шкільна форма

die Uniform

уніформа

das Lätzchen

нагрудник

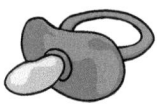

der Schnuller

соска

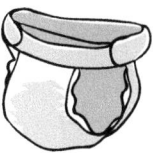

die Windel

підгузок

das Büro

офіс

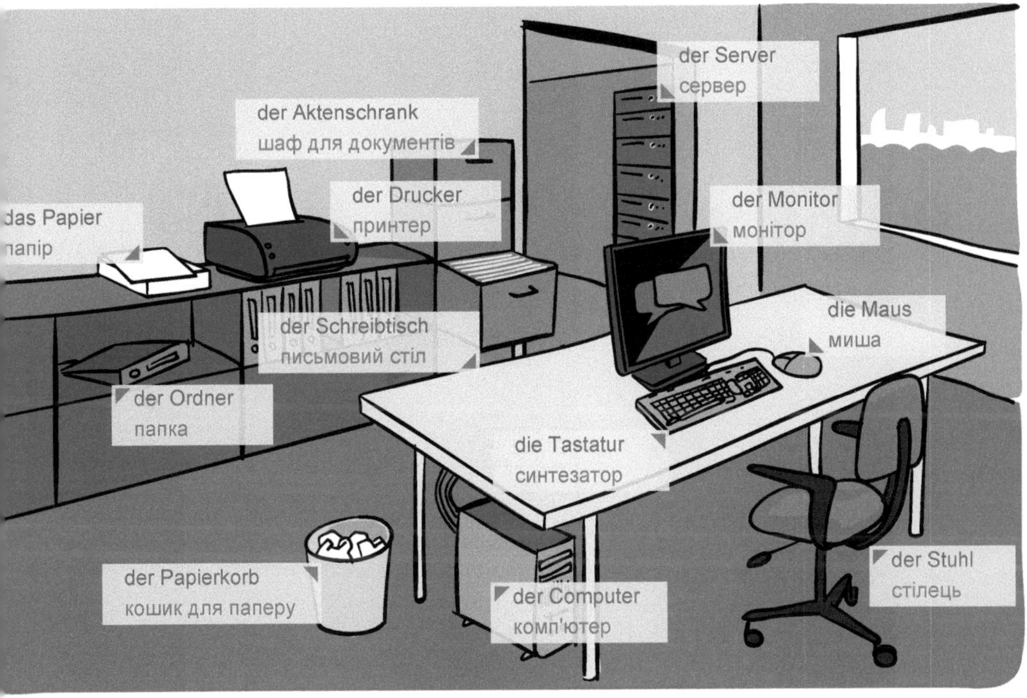

der Server
сервер

der Aktenschrank
шаф для документів

das Papier
папір

der Drucker
принтер

der Monitor
монітор

der Schreibtisch
письмовий стіл

die Maus
миша

der Ordner
папка

die Tastatur
синтезатор

der Papierkorb
кошик для паперу

der Computer
комп'ютер

der Stuhl
стілець

der Kaffeebecher

кавовий кухоль

der Taschenrechner

калькулятор

das Internet

інтернет

der Laptop

ноутбук

der Brief

лист

die Nachricht

повідомлення

das Handy

мобільний телефон

das Netzwerk

мережа

der Kopierer

копіювальний пристрій

die Software

програмне забезпечення

das Telefon

телефон

die Steckdose

розетка

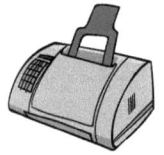

das Fax

факс

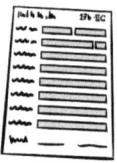

das Formular

бланк

das Dokument

документ

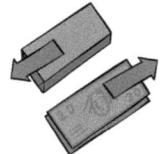

kaufen

купувати

bezahlen

платити

handeln

торгувати

das Geld

гроші

der Dollar

долар

der Euro

євро

der Yen

ієна

der Rubel

рубль

der Franken

франк

der Renminbi Yuan

юанів женьміньбі

die Rupie

рупія

der Geldautomat

банкомат

die Wechselstube

обмінний пункт

das Gold

золото

das Silber

срібло

das Öl

нафта

die Energie

енергія

der Preis

ціна

der Vertrag

контракт

die Steuer

податок

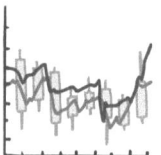

die Aktie

акція

arbeiten

працювати

der Angestellte

працівник

der Arbeitgeber

роботодавець

die Fabrik

фабрика

das Geschäft

магазин

die Berufe
професії

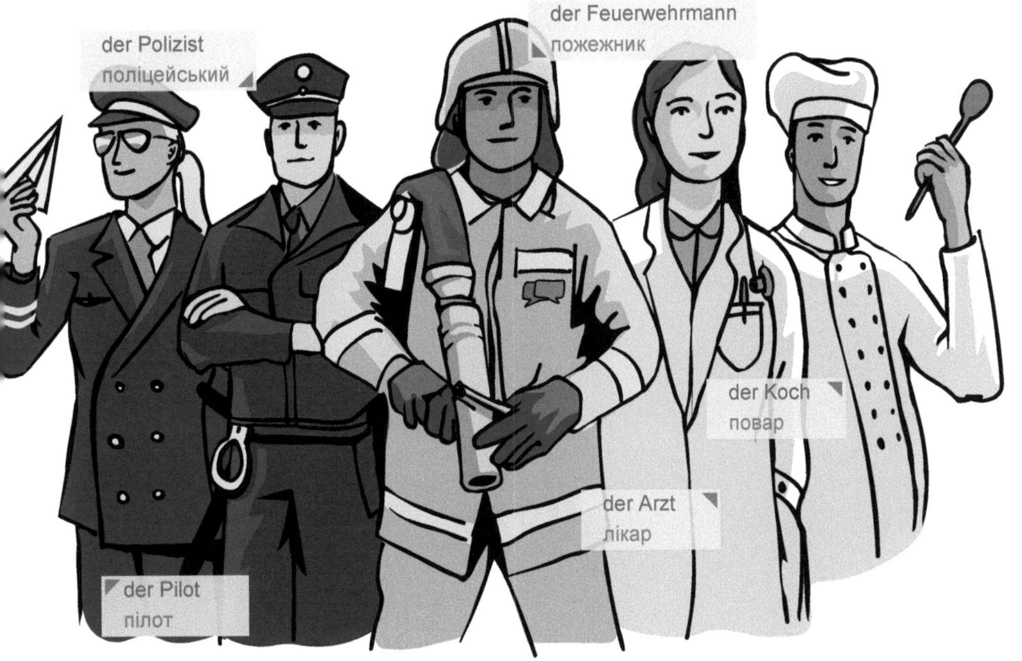
der Feuerwehrmann
пожежник
der Polizist
поліцейський
der Koch
повар
der Arzt
лікар
der Pilot
пілот

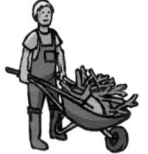

der Gärtner

садівник

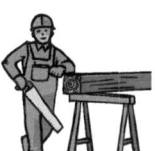

der Tischler

столяр

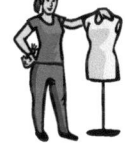

die Näherin

швачка

der Richter

суддя

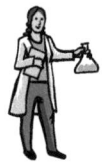

der Chemiker

хімік

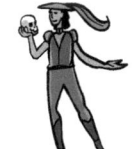

der Schauspieler

актор

der Busfahrer

водій автобуса

der Taxifahrer

таксист

der Fischer

рибалка

die Putzfrau

прибиральниця

der Dachdecker

покрівельник

der Kellner

офіціант

der Jäger

мисливець

der Maler

художник

der Bäcker

пекар

der Elektriker

електрик

der Bauarbeiter

будівельник

der Ingenieur

інженер

der Schlachter

забійник

der Klempner

бляхар

der Postbote

листоноша

der Soldat

солдат

der Architekt

архітектор

der Kassierer

касир

der Florist

флорист

der Friseur

перукар

der Schaffner

кондуктор

der Mechaniker

механік

der Kapitän

капітан

der Zahnarzt

дантист

der Wissenschaftler

вчений

der Rabbi

рабин

der Imam

імам

der Mönch

монах

der Geistliche

пастор

die Berufe - професії

die Werkzeuge
інструменти

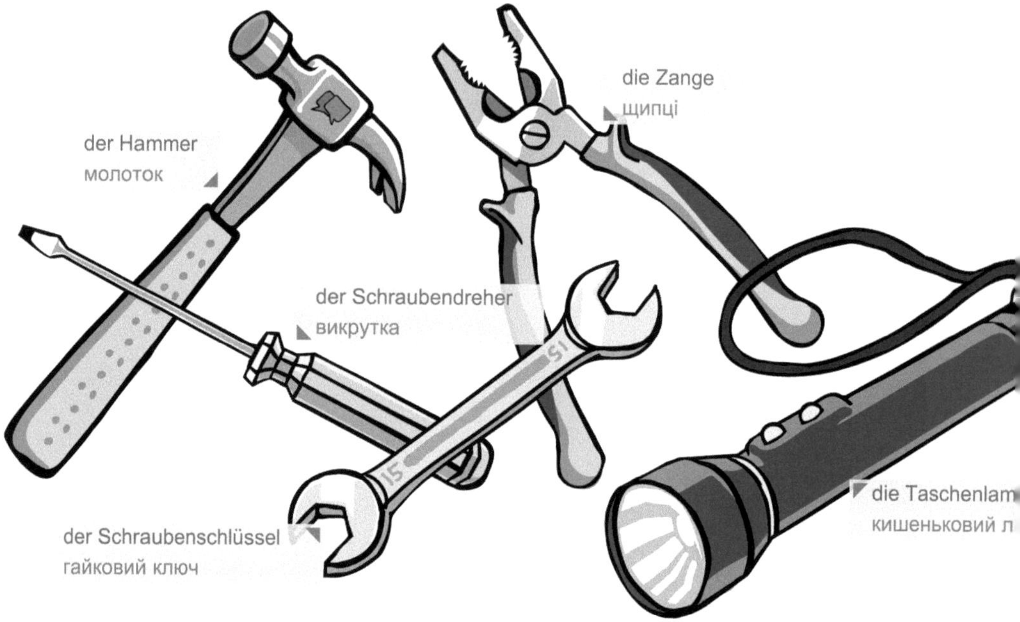

der Hammer
молоток

die Zange
щипці

der Schraubendreher
викрутка

der Schraubenschlüssel
гайковий ключ

die Taschenlam
кишеньковий л

der Bagger

екскаватор

der Werkzeugkasten

ящик для інструментів

die Leiter

драбина

die Säge

пилка

die Nägel

цвяхи

der Bohrer

свердло

reparieren

ремонтувати

die Schaufel

лопата

Mist!

лайно!

das Kehrblech

совок

der Farbtopf

відро з фарбою

die Schrauben

гвинти

die Musikinstrumente
музичні інструменти

der Lautsprecher
динамік

das Schlagzeug
ударна установка

der Kontrabass
контрабас

die Trompete
труба

die Gitarre
гітара

das Klavier

фортепіано

die Violine

скрипка

der Bass

бас

die Pauke

литаври

die Trommeln

барабан

das Keyboard

клавіатура

das Saxophon

саксофон

die Flöte

флейта

das Mikrofon

мікрофон

der Zoo
зоопарк

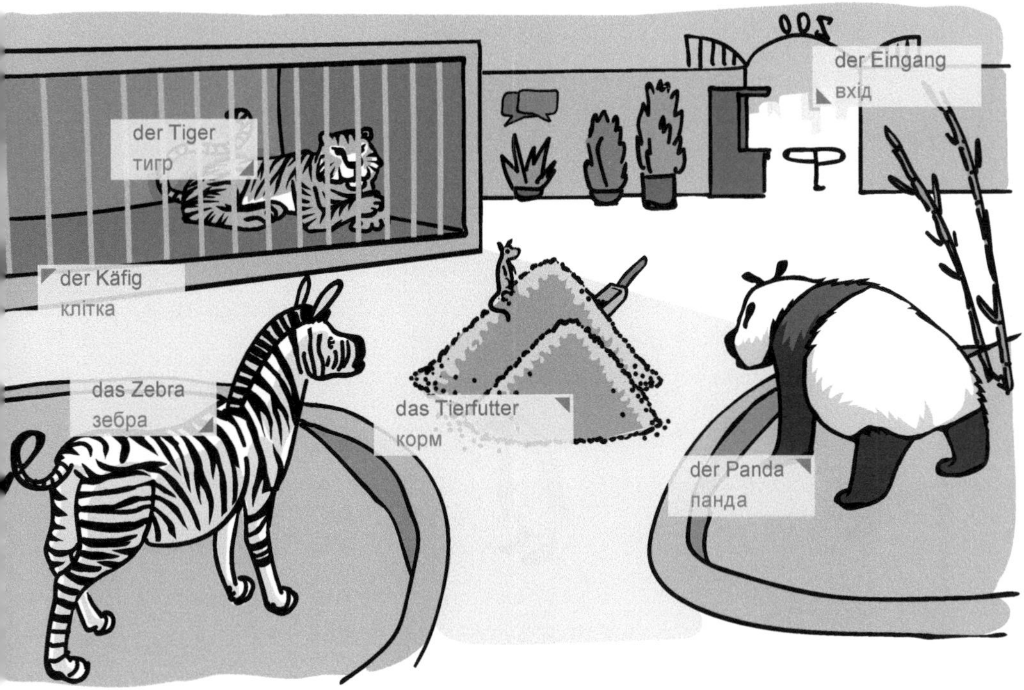
der Eingang
вхід
der Tiger
тигр
der Käfig
клітка
das Zebra
зебра
das Tierfutter
корм
der Panda
панда

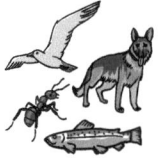

die Tiere

тварини

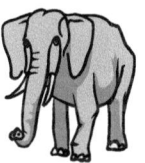

der Elefant

слон

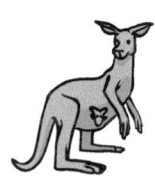

das Känguruh

кенгуру

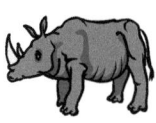

das Nashorn

носоріг

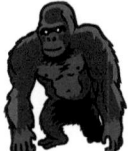

der Gorilla

горила

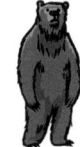

der Bär

ведмідь

das Kamel

верблюд

der Strauß

страус

der Löwe

лев

der Affe

мавпа

der Flamingo

фламінго

der Papagei

папуга

der Eisbär

білий ведмідь

der Pinguin

пінгвін

der Hai

акула

der Pfau

павич

die Schlange

змія

das Krokodil

крокодил

der Zoowärter

працівник зоопарку

die Robbe

тюлень

der Jaguar

ягуар

der Zoo - зоопарк

das Pony

поні

der Leopard

леопард

das Nilpferd

гіпопотам

die Giraffe

жираф

der Adler

орел

das Wildschwein

кабан

der Fisch

риба

die Schildkröte

черепаха

das Walross

морж

der Fuchs

лисиця

die Gazelle

газель

der Zoo - зоопарк

der Sport
спорт

das American Football
американський футбол

das Radfahren
їзда на велосипеді

das Tennis
теніс

der Basketball
баскетбол

das Schwimmen
плавання

das Boxen
бокс

das Eishockey
хокей

der Fußball
футбол

das Badminton
бадмінтон

die Leichtathletik
легка атлетика

der Handball
гандбол

das Skilaufen
лижні перегони

das Polo
поло

die Aktivitäten

дії

springen
стрибати
singen
співати
umarmen
обіймати
lachen
сміятися
gehen
йти
träumen
мріяти
beten
молитися
küssen
цілувати

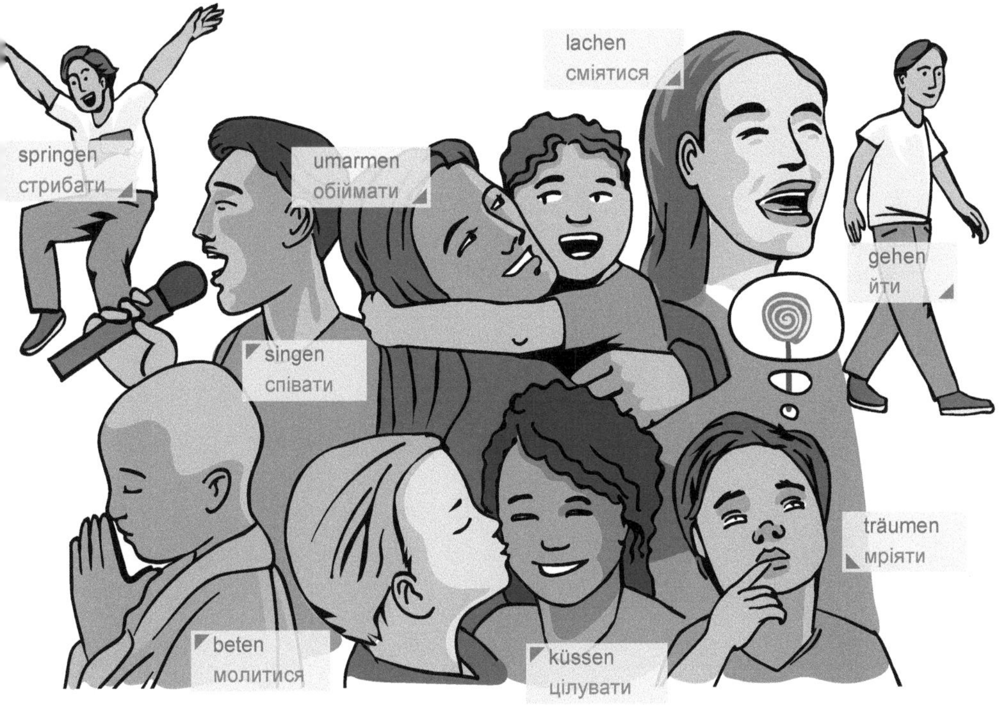

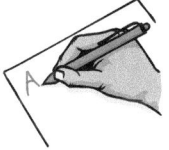

schreiben
писати

zeichnen
малювати

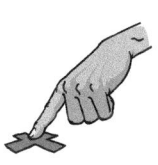

zeigen
показувати

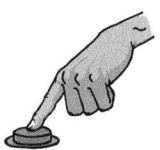

drücken
тиснути

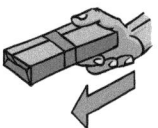

geben
давати

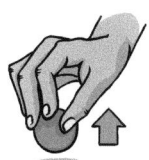

nehmen
брати

haben	tun	sein
мати	робити	бути

stehen	laufen	ziehen
стояти	бігати	тягнути

werfen	fallen	liegen
кидати	падати	лежати

warten	tragen	sitzen
очікувати	носити	сидіти

anziehen	schlafen	aufwachen
одягати	спати	просипатися

ansehen

дивитися

weinen

плакати

streicheln

гладити

kämmen

розчісувати

reden

розмовляти

verstehen

розуміти

fragen

питати

hören

слухати

trinken

пити

essen

їсти

aufräumen

прибирати

lieben

любити

kochen

варити

fahren

їхати

fliegen

літати

segeln

йти під вітрилом

rechnen

рахувати

lesen

читати

lernen

вчитися

arbeiten

працювати

heiraten

одружуватися

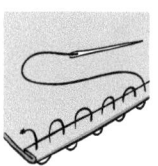

nähen

шити

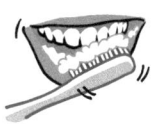

Zähne putzen

чистити зуби

töten

убивати

rauchen

курити

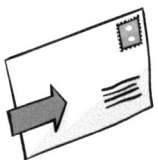

senden

посилати

die Familie
сім'я

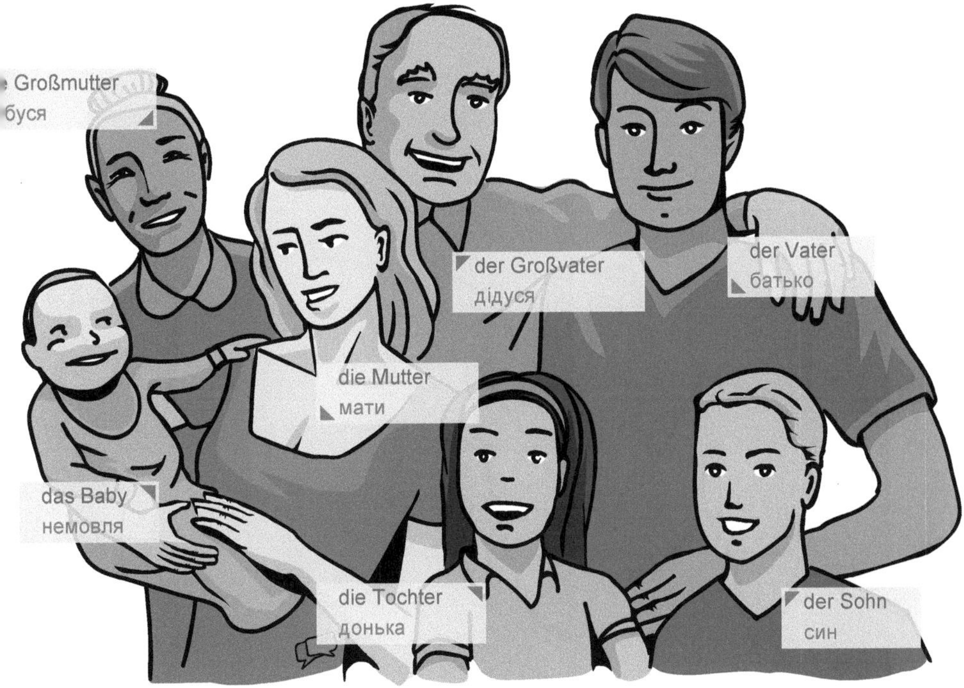

Großmutter
буся
der Großvater
дідуся
der Vater
батько
die Mutter
мати
das Baby
немовля
die Tochter
донька
der Sohn
син

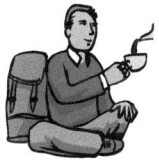

der Gast
гість

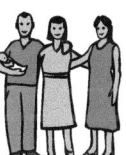

die Tante
тітка

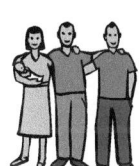

der Onkel
дядько

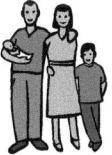

der Bruder
брат

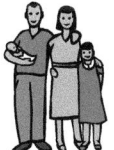

die Schwester
сестра

der Körper
тіло

die Stirn
чоло
das Auge
око
die Schulter
плече
der Finger
палець
das Gesicht
обличчя
das Kinn
підборіддя
die Hand
кисть
das Bein
нога
die Brust
груди
der Arm
рука

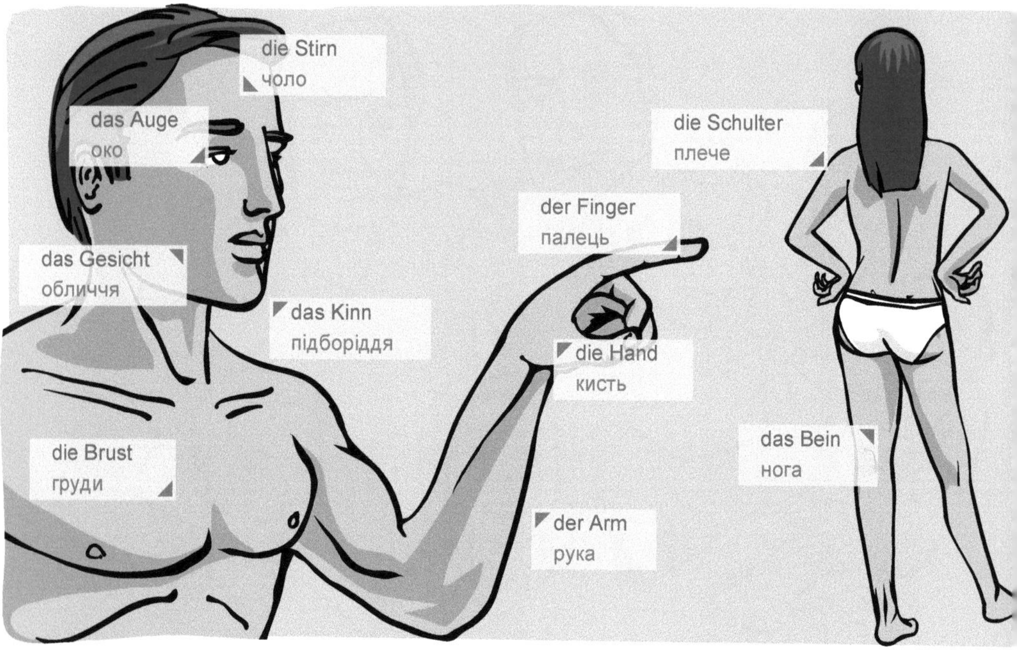

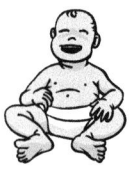

das Baby
немовля

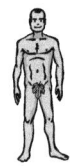

der Mann
чоловік

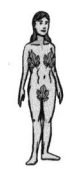

die Frau
жінка

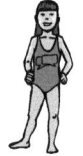

das Mädchen
дівчина

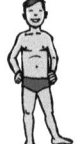

der Junge
хлопчик

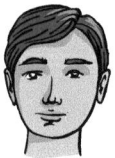

der Kopf
голова

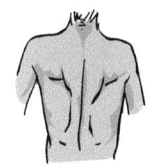

der Rücken

спина

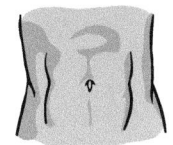

der Bauch

живіт

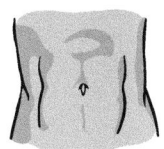

der Nabel

пуп

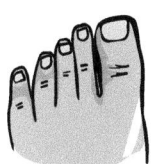

der Zeh

палець ноги

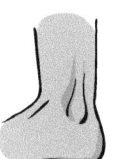

die Ferse

п'ята

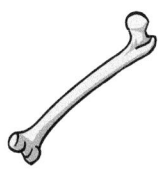

der Knochen

кістка

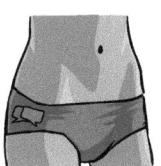

die Hüfte

стегно

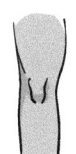

das Knie

коліно

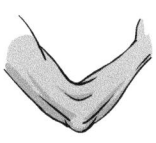

der Ellenbogen

лікоть

die Nase

ніс

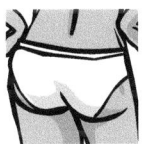

das Gesäß

сідниці

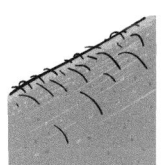

die Haut

шкіра

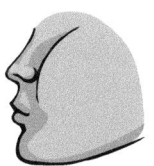

die Wange

щока

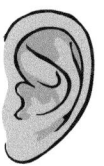

das Ohr

вухо

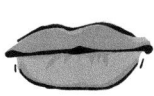

die Lippe

губа

der Körper - тіло

69

der Mund

рот

der Zahn

зуб

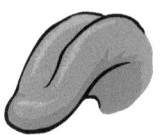

die Zunge

язик

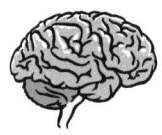

das Gehirn

мозок

das Herz

серце

der Muskel

м'яз

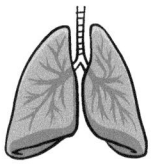

die Lunge

легені

die Leber

печінка

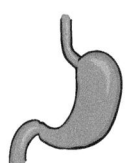

der Magen

шлунок

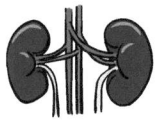

die Nieren

нирки

der Geschlechtsverkehr

статевий акт

das Kondom

презерватив

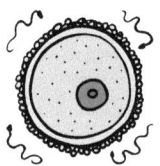

die Eizelle

яйцеклітина

das Sperma

сперма

die Schwangerschaft

вагітність

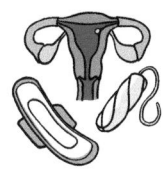

die Menstruation

менструація

die Vagina

вагіна

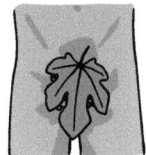

der Penis

пеніс

die Augenbraue

брова

das Haar

волосся

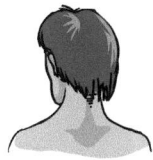

der Hals

шия

das Krankenhaus
лікарня

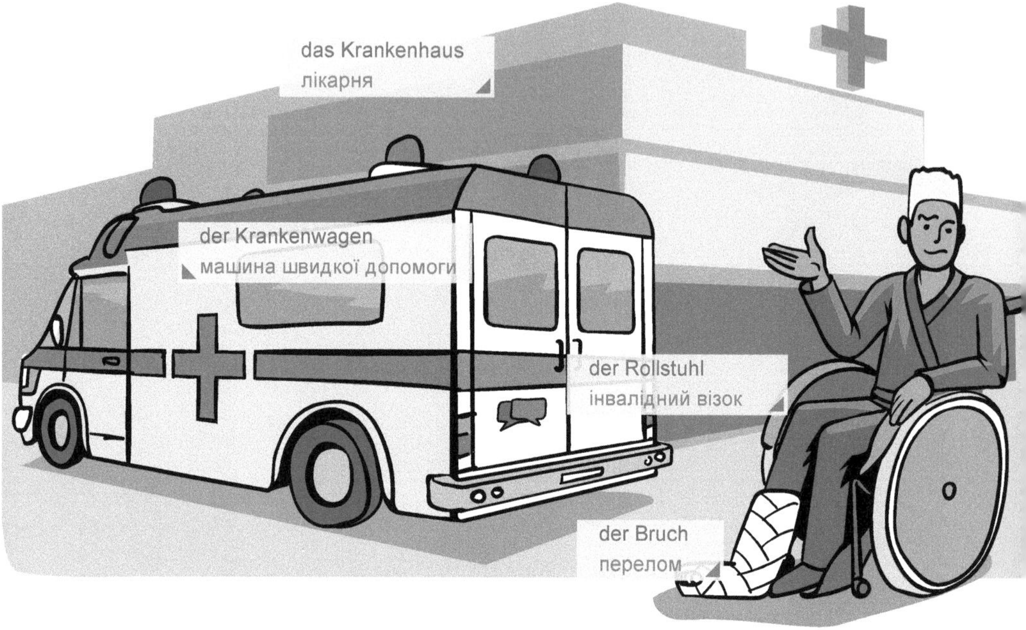

das Krankenhaus
лікарня
der Krankenwagen
машина швидкої допомоги
der Rollstuhl
інвалідний візок
der Bruch
перелом

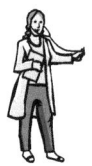

der Arzt

лікар

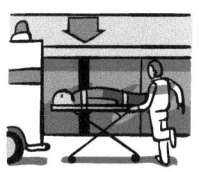

die Notaufnahme

відділення швидкої медичної допомоги

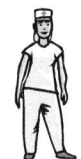

die Krankenschwester

медсестра

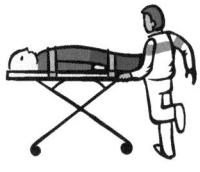

der Notfall

аварійний випадок

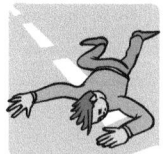

ohnmächtig

непритомний

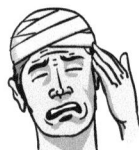

der Schmerz

біль

die Verletzung

травма

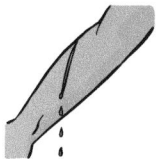

die Blutung

кровотеча

der Herzinfarkt

інфаркт

der Schlaganfall

інсульт

die Allergie

алергія

der Husten

кашель

das Fieber

лихоманка

die Grippe

грип

der Durchfall

пронос

die Kopfschmerzen

головна біль

der Krebs

рак

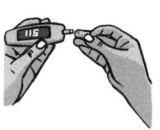

die Diabetis

діабет

der Chirurg

хірург

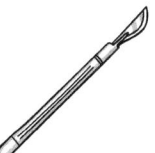

das Skalpell

скальпель

die Operation

операція

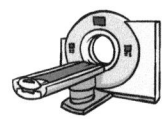

das CT

КТ

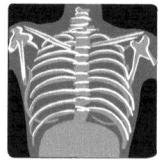

das Röntgen

рентген

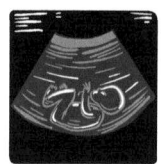

das Ultraschall

ультразвук

die Maske

маска

die Krankheit

хвороба

das Wartezimmer

зал очікування

die Krücke

милиця

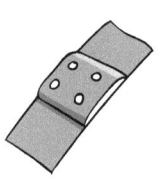

das Pflaster

пластир

der Verband

пов'язка

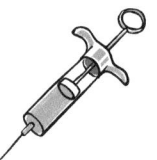

die Injektion

ін'єкція

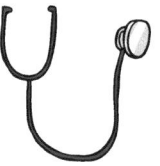

das Stethoskop

стетоскоп

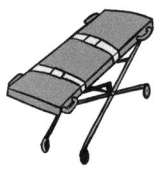

die Trage

ноші

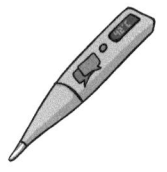

das Thermometer

термометр

die Geburt

народження

das Übergewicht

надмірна вага

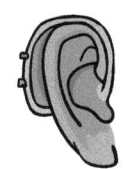

das Hörgerät

слуховий апарат

das Desinfektionsmittel

дезінфікуючий засіб

die Infektion

інфекція

das Virus

вірус

das HIV / AIDS

ВІЛ / СНІД

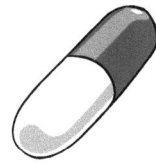

die Medizin

медицина

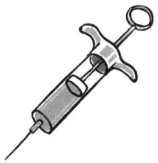

die Impfung

вакцинація

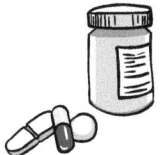

die Tabletten

таблетки

die Pille

протизаплідна пігулка

der Notruf

екстрений виклик

das Blutdruck-Messgerät

тонометр

krank / gesund

хворий / здоровий

Hilfe!

Допоможіть!

der Alarm

сигнал тривоги

der Überfall

напад

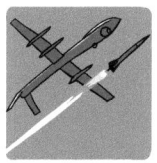

der Angriff

атака

die Gefahr

небезпека

der Notausgang

аварійний вихід

Feuer!

Вогонь!

der Feuerlöscher

вогнегасник

der Unfall

аварія

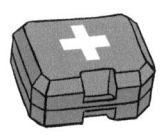

der Erste-Hilfe-Koffer

аптечка

SOS

СОС

die Polizei

поліція

das Europa

Європа

das Nordamerika

Північна Америка

das Südamerika

Південна Америка

das Afrika

Африка

das Asien

Азія

das Australien

Австралія

der Atlantik

Атлантика

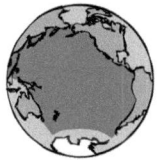

der Pazifik

Тихий океан

der Indische Ozean

Індійський океан

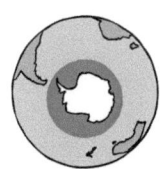

der Antarktische Ozean

Антарктичний океан

der Arktische Ozean

Північний Льодовитий океан

der Nordpol

Північний полюс

der Südpol

Південний полюс

die Antarktis

Антарктика

die Erde

Земля

das Land

суша

das Meer

море

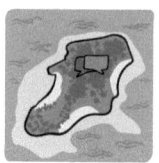

die Insel

острів

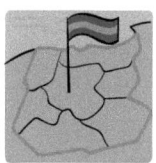

die Nation

нація

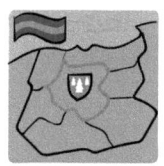

der Staat

держава

das Zifferblatt

циферблат

der Stundenzeiger

годинникова стрілка

der Minutenzeiger

хвилинна стрілка

der Sekundenzeiger

секундна стрілка

Wie spät ist es?

Котра година?

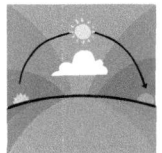

der Tag

день

die Zeit

час

jetzt

зараз

die Digitaluhr

цифровий годинник

die Minute

хвилина

die Stunde

година

die Woche

тиждень

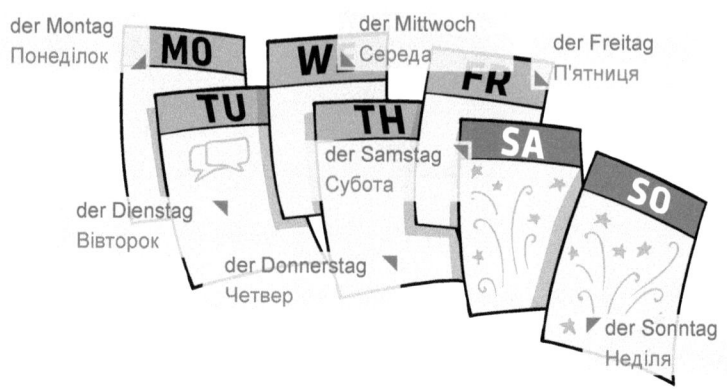

der Montag — Понеділок
der Mittwoch — Середа
der Freitag — П'ятниця
der Dienstag — Вівторок
der Samstag — Субота
der Donnerstag — Четвер
der Sonntag — Неділя

gestern
вчора

heute
сьогодні

morgen
завтра

der Morgen
ранок

der Mittag
опівдні

der Abend
вечір

die Arbeitstage
робочі дні

das Wochenende
кінець робочого тижня

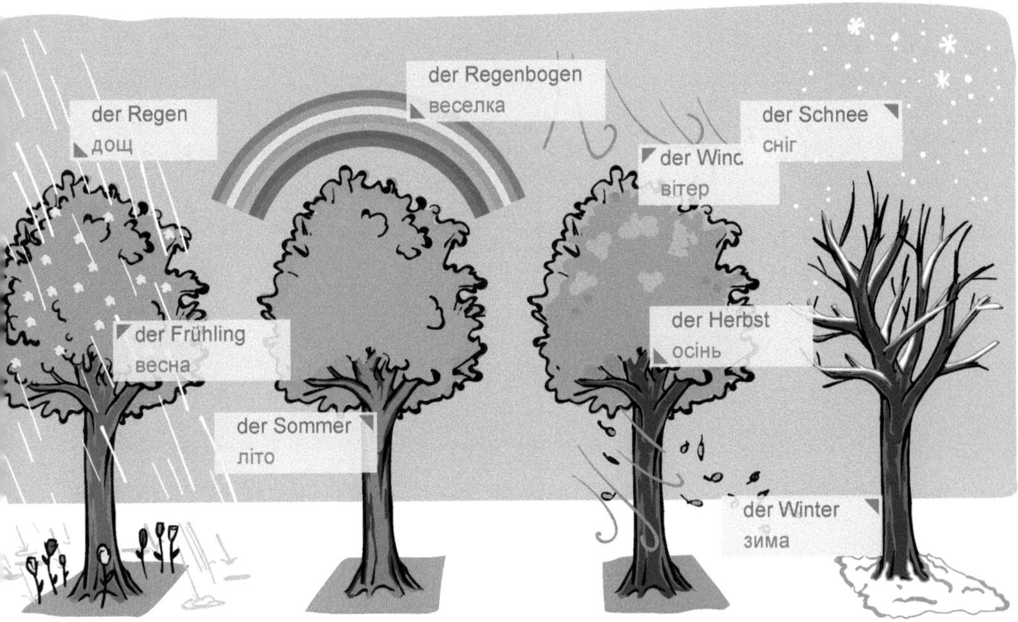

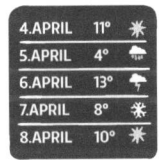

der Regen
дощ
der Regenbogen
веселка
der Wind
вітер
der Schnee
сніг
der Frühling
весна
der Herbst
осінь
der Sommer
літо
der Winter
зима

4.APRIL 11°
5.APRIL 4°
6.APRIL 13°
7.APRIL 8°
8.APRIL 10°

die Wettervorhersage

прогноз погоди

F C
120 40
90 30
60 20
30 10
0 0
-30 -10
-20

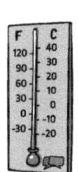

das Thermometer

термометр

der Sonnenschein

сонячне світло

die Wolke

хмара

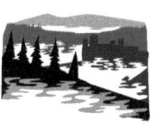

der Nebel

туман

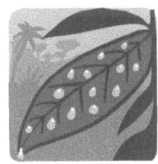

die Luftfeuchtigkeit

вологість повітря

der Blitz

блискавка

der Donner

грім

der Sturm

шторм

der Hagel

град

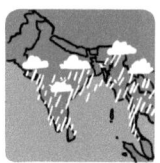

der Monsun

мусон

die Flut

повінь

das Eis

лід

der Januar

Січень

der Februar

Лютий

der März

Березень

der April

Квітень

der Mai

Травень

der Juni

Червень

der Juli

Липень

der August

Серпень

das Jahr - рік

der September
....
Вересень

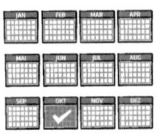

der Oktober
....
Жовтень

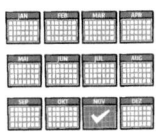

der November
....
Листопад

der Dezember
....
Грудень

die Formen

форми

der Kreis
....
круг

das Quadrat
....
квадрат

das Rechteck
....
прямокутник

das Dreieck
....
трикутник

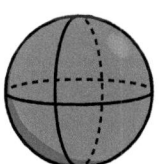

die Kugel
....
куля

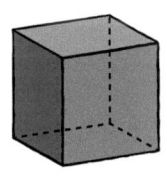

der Würfel
....
куб

weiß

білий

gelb

жовтий

orange

помаранчевий

pink

рожевий

rot

червоний

lila

фіолетовий

blau

синій

grün

зелений

braun

коричневий

grau

сірий

schwarz

чорний

viel / wenig

багато / мало

wütend / friedlich

лютий / мирний

hübsch / hässlich

гарний / бридкий

der Anfang / das Ende

початок / кінець

groß / klein

великий / малий

hell / dunkel

світлий / темний

der Bruder / die Schwester

брат / сестра

sauber / schmutzig

чистий / брудний

vollständig / unvollständig

завершений /
незавершений

der Tag / die Nacht

день / ніч

tot / lebendig

мертвий / живий

breit / schmal

широкий / вузький

genießbar / ungenießbar

їстівний / неїстівний

böse / freundlich

злий / дружній

aufgeregt / gelangweilt

збуджений / нудьгуючий

dick / dünn

товстий / тонкий

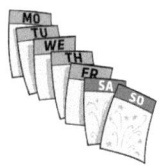

zuerst / zuletzt

спочатку / востаннє

der Freund / der Feind

друг / ворог

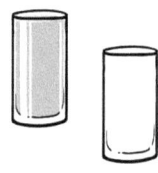

voll / leer

повний / порожній

hart / weich

жорсткий / м'який

schwer / leicht

важкий / легкий

der Hunger / der Durst

голод / спрага

krank / gesund

хворий / здоровий

illegal / legal

незаконний / законний

intelligent / dumm

розумний / дурний

links / rechts

вліво / вправо

nah / fern

поруч / далеко

neu / gebraucht

новий / використаний

nichts / etwas

нічого / щось

alt / jung

старий / молодий

an / aus

вкл / викл

offen / geschlossen

відкрито / закрито

leise / laut

тихо / гучно

reich / arm

багатий / бідний

richtig / falsch

правильно / неправильно

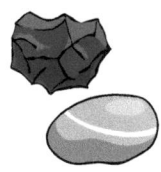

rau / glatt

шорсткий / гладкий

traurig / glücklich

сумний / щасливий

kurz / lang

короткий / довгий

langsam / schnell

повільно / швидко

nass / trocken

вологий / сухий

warm / kühl

гарячий / холодний

der Krieg / der Frieden

війна / мир

die Gegenteile - протилежності

die Zahlen
числа

0

null
нуль

1

eins
один

2

zwei
два

3

drei
три

4

vier
чотири

5

fünf
п'ять

6

sechs
шість

7

sieben
сім

8

acht
вісім

9

neun
дев'ять

10

zehn
десять

11

elf
одинадцять

12

zwölf

дванадцять

13

dreizehn

тринадцять

14

vierzehn

чотирнадцять

15

fünfzehn

п'ятнадцять

16

sechzehn

шістнадцять

17

siebzehn

сімнадцять

18

achtzehn

вісімнадцять

19

neunzehn

дев'ятнадцять

20

zwanzig

двадцять

100

hundert

сто

1.000

tausend

тисяча

1.000.000

million

мільйон

die Sprachen

Englisch

англійська

Amerikanisches Englisch

американська англійська

Chinesisch Mandarin

китайська
високочиновницька

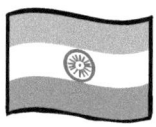

Hindi

хінді

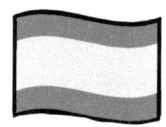

Spanisch

іспанська

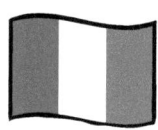

Französisch

французька

Arabisch

арабська

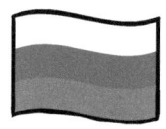

Russisch

російська

Portugiesisch

португальська

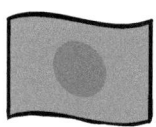

Bengalisch

бенгальська

Deutsch

німецька

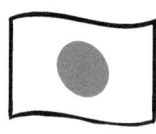

Japanisch

японська

ich

я

du

ти

er / sie / es

він / вона / воно

wir

ми

ihr

ви

sie

вони

wer?

хто?

was?

що?

wie?

як?

wo?

де?

wann?

коли?

Name

ім'я

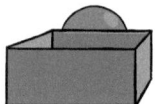

hinter

ззаду

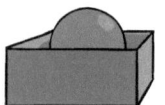

in

в

vor

перед

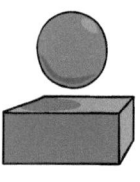

über

над

auf

на

unter

під

neben

біля

zwischen

між

der Ort

місце